PÉTITION

Adressée à la Chambre des Pairs par MM. le Marquis et le Comte de La Chataigneraye,

RELATIVEMENT

À UNE VIOLATION DE LA LOI D'INDEMNITÉ.

PÉTITION

Adressée à la Chambre des Pairs par MM. le Marquis et le Comte de La Chataigneraye,

RELATIVEMENT

A UNE VIOLATION DE LA LOI D'INDEMNITÉ.

———

Nobles Pairs,

Les Ministres chargés de l'exécution des lois que vous avez votées peuvent-ils en dénaturer le sens, en violer ouvertement les dispositions, sans qu'il existe un moyen de redressement pour les parties lésées ?

Suffira-t-il au Ministre de dire : La question a été jugée en Conseil d'État ; le Roi, sur le rapport de l'un de nous, a approuvé la décision ; il y a chose jugée ?

S'il ne s'agissait que d'une question de fait, si la loi elle-même n'était pas blessée par la décision qui nous fait grief, sans doute la Pairie n'aurait pas à s'en occuper ; ce serait un malheur privé qui, ne tirant pas à conséquence pour l'avenir, ne nécessiterait pas l'intervention du premier corps politique de l'État. Mais telle n'est pas notre po-

sition : le principe que nous défendons est général ; il intéresse une classe de Français que
ses longs malheurs ont particulièrement recom-
mandée à la protection des lois politiques ; en
un mot, notre démarche est l'accomplissement
d'un devoir.

Vous le savez, nobles Pairs, et vous en avez
gémi les premiers, l'indemnité accordée par la
loi du 27 avril 1825 aux Français qui ont subi
la confiscation n'est pas une réparation véri-
table, c'est un léger dédommagement accordé à
des hommes victimes d'une injustice que toutes
les opinions ont reconnue : d'un côté, les biens
confisqués ne sont pas appréciés à leur juste
valeur, conformément à l'article 10 de la Charte
et à la loi du 20 avril 1810 ; d'un autre côté, la
valeur qu'on rembourse est payée en trois pour
cent avec confiscation de plus de trente années
de revenu.

Dépendra-t-il encore des Ministres de réduire
ce que la loi a voulu expressément nous réserver ?

Vous le savez, c'est par une exception nouvelle
aux dispositions d'une loi déjà exceptionnelle que
l'article 4 de la loi du 27 avril a voulu que l'indemnité fût fixée, non pas sur la valeur de 1790,
mais sur celle que les anciens propriétaires auraient déboursée en rachetant, soit de l'État, soit

des tiers, les biens sur eux confisqués : la loi a voulu, de plus, que l'on présumât la rentrée de fait en possession de ces mêmes anciens propriétaires lorsque le rachat aurait été fait par leur femme, ascendans ou descendans.

C'est ce qu'on appelle l'interposition.

Mais la présomption qui en résulte, quoique légale, n'empêche pas la preuve contraire, c'est-à-dire que l'ancien propriétaire peut prouver que, malgré l'interposition supposée, il n'est réellement pas rentré en possession des biens sur lui confisqués ; la fiction légale a cet effet de mettre la preuve à sa charge, c'est ce que la jurisprudence du Conseil d'État a consacré. Cette interposition peut devenir l'occasion de grandes injustices, si, cédant à l'influence du Ministre des finances, adversaire légal des émigrés devant la partie contentieuse de la haute administration, le Conseil refuse d'admettre des preuves raisonnables, comme les baux, échanges, ventes consenties directement par la personne prétendue interposée, et n'admet pas pour preuve de non-interposition le refus judiciairement constaté par la personne interposée de rendre à l'ancien propriétaire son domaine.

Cette jurisprudence sera une source de dissensions entre les familles et détruira tout le bien qu'on attend d'une loi de réparation.

Déjà nous avons à nous plaindre que le Conseil ait refusé d'admettre à notre égard les preuves les plus positives de non-interposition à l'égard de notre mère; déjà, par lui, nous nous sommes vus contraints de faire une déplorable signification à cette dernière, qui, son contrat d'acquisition et les preuves de sa possession constante, présente, exclusive, à la main, refuse présentement, quelles que puissent être ses intentions ultérieures, d'obtempérer à une décision qui sans elle a cru pouvoir disposer de sa chose.

Mais ceci tient peut-être à une question plutôt de fait que de droit : le principe qu'on a violé à notre égard, c'est que, contre l'opinion de la commission d'indemnité, et malgré le précédent fixé par une réclamation de l'héritier de M. le duc d'Uzès père, MM. les Ministres nous font appliquer à nous, héritiers de l'ancien propriétaire, les présomptions d'interposition qui ne sont établies dans la loi qu'à l'égard de l'ancien propriétaire lui-même.

Voici le fait :

M. le Marquis d'Asnières la Châtaigneraye, notre père, a subi, dans le département de la Vendée, des confiscations évaluées à plusieurs millions. Une partie de ces biens a été rachetée par madame de Montmorin, notre mère, qui s'en est mise en possession et en a joui exclusivement jusqu'à présent ; notre père est décédé avant la loi, le 3 janvier 1824, par conséquent sans avoir aucun droit acquis. C'est nous, ses deux enfans, qui réclamons la réparation de la confiscation ; nous avons droit de demander qu'elle soit liquidée selon la valeur de 1790 : l'article 4 de la loi du 27 avril ne nous est pas applicable, car il est de fait que nous ne sommes pas rentrés directement en possession, qu'au contraire une portion assez considérable desdits biens a déjà été aliénée, et que le reste peut ne se trouver jamais dans la succession de notre mère.

Aucune disposition de la loi n'a établi la fiction de l'interposition à l'égard des héritiers ; et comme il est de la nature des fictions légales, des exceptions au droit commun, de ne pas s'étendre, il est évident qu'on ne saurait nous l'appliquer.

Aussi la troisième section de la commission d'indemnité n'a-t-elle point hésité à nous allouer la somme représentative de la valeur confisquée.

Cependant M. le Ministre des finances s'est pourvu contre cette décision devant l'un des comités du Conseil d'État ; et là, par son influence, fortifiée sans doute par celle de M. le Ministre de la justice, président du Conseil d'État, qui semble avoir voulu y ajouter encore en nommant son propre fils rapporteur, il a fait annuler la décision de la commission ; il a fait réduire notre indemnité à cent trente-cinq mille sept cent vingt-sept francs quatre-vingts centimes, c'est-à-dire à cent seize mille francs de moins. Ainsi l'on a créé pour nous, héritiers de l'ancien propriétaire, une présomption d'interposition qui n'est pas dans la loi, qui est contraire à son texte comme à son esprit, contraire même, ainsi qu'il sera dit, à la doctrine du Conseil dans l'affaire d'Uzès ; nous joignons à notre présente pétition l'expédition de la décision elle-même, sous la date du 1ᵉʳ. mars 1827.

La commission d'indemnité, indépendamment du principe de droit, avait fondé sa décision en fait sur ce que notre mère avait ajouté au fait de sa possession réelle des biens confisqués une déclaration authentique qu'elle en était propriétaire de son chef ; nous avons prouvé par les ventes, échanges, baux, inscriptions hypothécaires, quittances du domaine, et enfin par un acte de notoriété dressé devant le juge de paix avec le concours de cinq témoins (dont deux notaires), que notre mère a constamment exercé tous les droits de propriété sur les biens confisqués exclusivement à son mari, et, qui plus est, avant son amnistie, depuis son retour et depuis son décès ; néanmoins nous avons succombé, d'un côté, sous prétexte que nos preuves n'étaient pas suffisantes (c'est le point de fait), et en droit, sur ce que notre mère était à notre égard personne interposée, comme elle l'aurait été à l'égard de son mari.

Cette décision est d'autant plus extraordinaire, que, par un avis converti en ordonnance le 16 février précédent, le Conseil avait sur le point de droit adopté un système tout-à-fait opposé. M. le duc d'Uzès, premier Pair de France, réclamait une indemnité comme héritier de son père : il avait été reconnu par la commission que le fait du rachat par M. le duc de Crussol, son fils, ne pouvait lui être opposé, la présomption légale d'interposition ne pouvant être étendue à l'héritier de l'ancien propriétaire, puisqu'elle n'est point établie par la loi. Le Ministre des finances s'est pourvu au Conseil contre cette décision, mais le pourvoi a été repoussé par la susdite ordonnance du 16 février 1827 : « *Consi-dérant,* y est-il dit en propres termes, *qu'à l'égard de l'héritier le quatrième paragraphe de l'article 4 de la loi du 27 avril* n'admet que le

RACHAT DIRECT, *et* NULLEMENT *la présomption d'interposition.* »

Remarquez, nobles Pairs, qu'il y a identité de principes dans cette espèce et dans la nôtre : M. le duc de Crussol, qui a racheté partie des biens de son aïeul, est à l'égard de M. le duc d'Uzès actuel, son père, dans le même cas d'interposition que notre mère le serait à notre égard, si l'interposition s'appliquait aux héritiers comme à l'ancien propriétaire lui-même.

On dira peut-être qu'il y a une raison de différence, en ce que le propriétaire dépossédé (dans l'affaire d'Uzès) était décédé à l'époque des rachats, tandis que notre père vivait encore lorsque notre mère a racheté.

Mais qu'importe cette circonstance, qui n'est qu'une *considération de plus ?* elle ne peut pas détruire le principe, ce principe est vrai ou faux.

S'il est vrai, comme l'a reconnu le Conseil d'Etat, le 16 février 1827, avec la loi elle-même, l'interposition ne s'applique en aucun cas aux héritiers de l'ancien propriétaire, et dès-lors ce n'est pas un argument légal à produire contre eux que la circonstance du rachat fait du vivant de l'ancien propriétaire par l'une des personnes.

que la loi n'a présumées interposées qu'à son égard limitativement.

Si le principe est faux, il s'ensuit qu'on a agi de faveur dans l'affaire de M. le duc d'Uzès, et de rigueur à notre égard.

La justice ministérielle a deux balances : devez-vous le tolérer, nobles Pairs, devez-vous souffrir l'introduction d'une exception nouvelle dans une loi déjà hérissée de tant d'exceptions? Où s'arrê-tera cette tendance? On ne saurait s'abuser, le ministère des finances veut de l'arbitraire dans l'application de cette loi ; nous avons réclamé au-près de M. le garde-des-sceaux, contre sa déci-sion, puisque l'ordonnance a été prise sous sa responsabilité: il ne nous a pas fait l'honneur de nous répondre. On voudrait se retrancher derrière l'autorité de la chose jugée.

Et c'est ici que se présente une grande question de droit public déjà préjugée par des précé-dens.

Il y a chose jugée quand deux parties plaident contradictoirement l'une contre l'autre devant les juges que la charte a institués; deux degrés de juridiction sont accordés pour empêcher toute erreur de fait; une cour de cassation est établie pour réparer les erreurs de droit; c'est sous cette condition que la chose jugée par les tribunaux, composés de magistrats inamovibles, jugeant avec publicité, *pro veritate habetur*.

A l'égard des décisions administratives, comment pourrait-elle avoir l'autorité de la chose jugée? Est-ce qu'aucune partie de la puissance judiciaire lui aurait été déléguée? est-ce qu'elle aurait pu l'être contre la disposition de la charte, qui veut, comme condition de toute justice, l'inamovibilité et la publicité, avec deux degrés de juridiction et une cour de révision?

Non, les décisions rendues par la haute administration en la forme qu'on appelle contentieuse ne sont toujours que des actes du ministère responsable, et si elles contiennent quelque violation de la loi, vous êtes, à leur égard, cour de cassation ou de révision, car les ministres sont justiciables des chambres et ne le sont que d'elles.

Or qu'est-ce que la décision dont nous nous plaignons? un acte contre-signé par M. le comte de Peyronnet, ministre de la justice. Nous faisons abstraction de l'auguste signature de Sa Majesté : elle ne signifie rien autre chose qu'un *je n'empêche*, autrement le Roi serait responsable de la violation des lois; ce serait un blasphème de le dire : le Roi est un modérateur, le surveillant nécessaire et perpétuel des intérêts généraux du pays; il ne connaît pas, il ne peut pas connaître de l'application des lois aux intérêts privés.

Toute la responsabilité de pareils actes doit retomber justement sur les ministres : eux seuls vérifient ou font vérifier les faits, comme il leur plaît ; s'ils se trompent, leur erreur doit être relevée devant vous ; s'ils prévariquent, vous les jugez.

Qu'est-ce que l'intervention du Conseil d'État en pareilles circonstances ? les membres de ce Conseil sont-ils autre chose que des conseillers pour les ministres ? nommés par eux, révocables par eux, leur avis, quel qu'il soit, ne lie point les ministres, qui peuvent toujours refuser leur signature lorsque leur responsabilité est engagée.

Ce que nous disons ici des principes est justifié par les faits : on a vu le comité du contentieux délibérer au nombre de trois membres, quoiqu'il soit composé de huit, et que ce soit un principe de droit public en France, qu'aucun corps ne peut délibérer qu'avec la moitié, plus un, de ses membres.

Qu'est-ce que le Conseil d'État assemblé sous la présidence de M. le garde-des-sceaux ? les décisions y sont-elles prises à la majorité, plus un, de ses membres ? qu'est-ce qui le constate ? quand un jugement est rendu par un tribunal et qu'il n'est pas composé du nombre de membres voulu par la loi, ou appelés selon l'ordre qu'elle a formellement prescrit, le jugement est cassé, il est mis au néant, et l'on voudrait qu'une délibération à huis clos par un corps émané d'un corps variable de sa nature, composé d'élémens hétérogènes réunis en nombre arbitraire, obtînt l'autorité de la chose irrévocablement jugée.

Mais ces membres eux-mêmes, ils ne votent pas, ils ne donnent qu'un avis; le ministre, quand il les a entendus, peut leur imposer silence, prendre une détermination contraire à l'opinion générale, ou la modifier.

Lorsqu'il présente cette décision au Roi, elle est sienne : S. M. ne s'informe pas combien il y a eu de voix pour, combien de voix contre; son Ministre lui dit que la décision est conforme aux lois, et S. M. autorise l'exécution; elle ne signe pas la minute des ordonnances, mais seulement le bordereau; et ce bordereau ne contient ni le point de fait, ni le point de droit.

Ce n'est donc pas un acte royal, mais un acte purement ministériel, rendu avec certaines formes propres à diminuer les périls de la responsabilité. Tout n'est pas fini cependant *si la loi est violée*; l'article 40 du réglement du Conseil autorise la révision même d'actes émanés de l'autorité souveraine; des ordonnances rendues le 10 septembre 1817 dans l'affaire du général Corbineau, le 11 décembre 1816 dans l'affaire

Treuvel, du 26 août 1818 et 23 août 1820 dans l'affaire Vitalis, et beaucoup d'autres ont consacré ce principe, qui jusqu'à présent ne saurait nuire à l'autorité du Conseil quand il juge conformément à la loi.

Plusieurs fois, sur le renvoi des chambres, le ministère est revenu sur des décisions prises dans des affaires contentieuses, notamment à l'égard des créances de l'Ile-de-France, qu'on prétendait frappées de déchéance, sur la réclamation de M. Barillon, qui avait été rejetée par ordonnance du 17 juin 1818.

Toutes ces ordonnances sont inscrites dans le recueil de M. Sirey, *Jurisp. du Conseil d'État.*

Le 18 janvier dernier, la noble chambre, sur la réclamation de la maison Valentin, du Sénégal, a prononcé un semblable renvoi, malgré l'opposition du Ministre de la Marine, qui s'appuyait d'une décision, en matière contentieuse, sous le nom du Roi, le 6 septembre 1826.

Au mois de mars dernier, sur la pétition du libraire Théry, la noble chambre a reconnu que le pouvoir judiciaire ni le pouvoir législatif ne résidaient pas dans le Conseil d'État : or, ce serait lui attribuer le pouvoir judiciaire que de prononcer irrévocablement sur des faits qui intéressent la propriété des familles, et le pouvoir législatif, que de souffrir qu'il créât de nouvelles exceptions dans la loi du 27 avril 1825.

Nous en avons dit assez pour éclairer la noble Chambre sur l'objet de notre supplique : elle tend à ce que la Chambre veuille reconnaître que la loi du 27 avril 1825 a été violée à notre égard, et qu'en conséquence il y a lieu à renvoyer notre pétition au président du Conseil des Ministres et au Ministre de la justice.

Nous produisons :

1°. Copie authentique de la délibération du Conseil d'État, du 1er mars, contre-signée de S. Exc. le Garde-des-Sceaux, le 8 mars 1827.

2°. L'ordonnance relative à M. le duc d'Uzès, du 16 février 1827.

3°. Le Mémoire à l'appui de cette réclamation, suivi de trois Consultations, pour servir de développement à l'interprétation de l'art. 4 de la loi du 27 avril 1825.

4°. Précis imprimé, distribué au Conseil, à l'appui de la réclamation des soussignés.

5°. Enfin, copie conforme de la Requête que nous avons cru devoir adresser au Ministre de la justice contre l'ordonnance dont nous réclamons la réformation.

REQUÊTE

Adressée à Son Excellence le Ministre de la Justice, Garde-des-Sceaux, en date du 15 mars 1827.

MONSIEUR LE COMTE,

Le 1er. mars 1827, le Conseil d'État a rendu, conformément au pourvoi que M. le Ministre des Finances a cru devoir former contre la décision prise le 27 mai 1826, par la commission d'indemnité, troisième section, et contre son propre sentiment, émis dès l'origine dans cette cause même, un projet d'ordonnance approuvé le 8 mars de la présente année.

Nous savons que si une ordonnance qui a statué contradictoirement en matière contentieuse, sur la demande des parties et selon leurs véritables *qualités*, demeure inattaquable, sauf certaines exceptions prévues, il appert également en principe que si une *erreur matérielle* sur lesdites *qualités* a servi de base à un jugement quelconque, ce jugement se trouve entaché d'une *nullité substantielle*, indépendante des formes ordinaires, et contre laquelle on doit toujours être admis à réclamer, lorsque sur-tout elle ne provient nullement du fait des intéressés.

Or, cette *erreur* a été manifestement commise à notre égard.

C'est ce qui résulte de ce qu'étant *héritier de l'ancien propriétaire dépossédé*, et nous étant présentés comme tels, on nous a considérés comme ce *propriétaire* lui-même.

Notre qualité *d'héritiers* ne saurait être l'objet d'un doute, puisque l'ancien propriétaire, notre auteur, est décédé le 3 janvier 1824, par conséquent avant la loi, (l'extrait des actes civils qui le prouve a été produit) et qu'elle a d'ailleurs été reconnue par le Préfet, le Domaine, la Commission, etc. Reste donc à justifier la seconde partie de l'assertion, savoir, qu'on nous a considérés comme *anciens propriétaires*.

Voici d'abord le texte de l'art. 4 de la loi, le seul qui nous ait été opposé, et l'extrait de l'ordonnance même rendue contre nous :

Art. 4. « Lorsque les *anciens propriétaires*
» seront rentrés en possession des biens confis-
» qués sur leur tête, après les avoir acquis de
» l'état *directement ou par personnes interpo-*
» *sées*, l'indemnité sera fixée sur la valeur réelle
« payée à l'Etat conformément aux règles éta-
» blies par l'art. 3.

» Lorsque *par les mêmes moyens,* ils les au-
» ront rachetés à des tiers, l'indemnité sera égale
» aux valeurs réelles qu'ils justifieront avoir
» payées.

» DANS LES DEUX CAS CI-DESSUS, les ascendans,
» descendans, ou femme de l'ancien proprié-
» taire, seront réputés *personnes interposées* (à
» son égard apparemment).

» Lorsque les *héritiers de l'ancien proprié-
» taire* (il s'agit d'eux maintenant) *seront ren-
» trés* DIRECTEMENT dans la possession des biens
» confisqués sur lui, l'indemnité à laquelle ils
» auraient droit sera fixée de la même manière. »
(Ce qui veut dire, sans doute, à moins d'accu-
ser le législateur de *non sens,* que s'ils ne sont
pas *rentrés* DIRECTEMENT *en possession, la
même manière* ne leur est pas applicable, et
que cette rentrée directe, en possession est une
condition *sine quá non.*)

Ordonnance du 8 *mars* 1827. — « Vu, etc...
» Considérant que le paragraphe 3 de l'art. 4
» de la loi du 27 avril 1825 répute personne
» interposée les ascendans, descendans ou
» femme des *anciens propriétaires dépossédés*;

» Que cette présomption légale doit être ad-
» mise (contre ces anciens propriétaires sans
» doute) dans le réglement des indemnités

» fixées par cette loi, toutes les fois que la preuve
» contraire n'est pas rapportée;

» Considérant que, dans l'espèce, les documens
» produits par MM. de La Châtaigneraye » (évidemment considérés ici comme ces mêmes anciens propriétaires nommés plus haut) « ne
» sont pas suffisans pour détruire l'effet de la
» présomption légale établie par la loi » (toujours
contre les anciens propriétaires);

» ...... Art. 1ᵉʳ. La décision de la commis-
» sion de liquidation ci-dessus visée est annulée
» dans le chef attaqué par notre Ministre des
» Finances. »

Revenant maintenant sur nos pas, nous disons :

Le susdit art. 4 présente une distinction frap-
pante que nul, excepté les trois pouvoirs légis-
latifs, n'a la faculté d'abroger ou de méconn-
aître.

Elle consiste en ce que les ayant-droit à l'indemnité sont rangés en deux catégories, savoir:
1°. les ANCIENS PROPRIÉTAIRES qui réclament *eux-
mêmes*, et auxquels les trois premiers paragraphes permettent d'opposer *l'achat direct* ou
par personnes interposées, soit ascendans, descendans ou femme; 2°. les HÉRITIERS de ceux-ci,

contre lesquels le 4ᵉ. paragraphe n'admet que *la rentrée en possession directe.*

Il est évident, d'autre part, que l'ordonnance nous a jugés d'après le 3ᵉ. paragraphe de l'art. 4 (voyez-en les propres termes ci-dessus); donc elle nous a non-seulement considérés comme *anciens propriétaires,* mais encore a fait d'autant plus abstraction de notre qualité d'*héritiers,* qu'il n'y est nullement question du paragraphe 4 , qui d'ailleurs ne nous serait pas applicable, aucun *rachat direct* ou indirect n'ayant été opéré par nous, ce qu'il fallait démontrer.

Prétendrait-on cependant nier la distinction fondamentale établie entre *les anciens propriétaires dépossédés* et leurs *héritiers?* Voici notre réponse :

Elle a été positivement exprimée dans le rapport fait à la chambre élective au nom de la commission, témoin ces propres mots qui s'y lisent à l'occasion des anciens propriétaires dépossédés : *il n'y a que l'acquisition directe qui puisse leur être opposée.*

Elle a passé dans la loi même (voyez le texte ci-dessus).

Elle se trouve constamment reproduite dans l'ordonnance d'exécution (voyez les articles 13, 14, 25, 26 et 30).

Elle a été l'objet spécial d'une consultation très-remarquable rédigée par Mᵉ. Petit-De-Gatines, avocat aux conseils, suivie de l'avis conforme de Mᵉ. Couture, et de celui de Mᵉ. Berryer fils, auquel Mᵉ. Tripier a adhéré (voyez cette consultation, 3 janvier 1827).

Le directeur des domaines du département de Seine-et-Oise et le conseil de préfecture l'ont également signalée les 12 et 15 novembre 1825 (voy. ibid., pag. 3).

Elle a été enfin reconnue et appliquée par le Conseil d'État lui-même, le 16 février 1827, dans l'affaire de M. le duc d'Uzès, qui, réclamant comme nous en qualité d'*héritier* de son père, ancien possesseur mort aussi avant la loi, l'a emporté sur M. le Ministre des Finances, dont l'unique moyen consistait à lui opposer l'interposition d'un *descendant*, de même qu'il nous a opposé uniquement celle d'une femme!!! il suffit pour s'en convaincre de jeter les yeux sur le texte qui suit :

« Vu l'art. 4 de la loi du 27 avril 1825;

..... » Considérant, dans l'espèce, que le *pro-*
» *priétaire dépossédé* étant décédé à l'époque
» des rachats, il n'y a pas lieu d'appliquer la
» présomption légale, résultant des trois pre-
» miers paragraphes de l'art. 4 ci-dessus visé. »

Ce qui veut dire conformément à la loi, et d'une manière formelle, sous peine de ne rien dire du tout; car la circonstance de l'époque des rachats ne se trouve évidemment qu'une *considération de plus;* que *l'ancien propriétaire* étant mort avant ladite loi, les trois premiers paragraphes de l'art. 4, relatifs aux *seuls anciens propriétaires eux-mêmes*, ne pouvaient être invoqués dans une cause où il n'y avait qu'un *héritier*.

« Considérant qu'à L'ÉGARD DE L'HÉRITIER le » quatrième paragraphe du même article n'ad- » met *que le rachat direct*, et NULLEMENT la » présomption légale d'interposition. »

Déclaration de principe tellement précise, tellement absolue, qu'en la rapprochant de l'ordonnance qui nous concerne, nous *héritiers*, comme M. le duc d'Uzès, nous qui n'avons pas plus que lui fait de *rachat direct*, on reste muet d'étonnement.

« L'art. 1er., le pourvoi ci-dessus visé du Mi- » nistre des Finances est rejeté. »

C'est à ces observations que nous croyons devoir nous borner pour le moment. Après avoir lu l'ordonnance qui nous condamne, V. E. concevra que si l'ancien propriétaire dépossédé, au lieu d'être décédé avant la loi, était venu réclamer lui-même l'indemnité, on aurait pu lui dire, jusqu'à un certain point : « Il est constant que votre femme a racheté vos biens ; le troisième paragraphe de l'art. 4 répute les femmes personnes interposées à l'égard de l'ancien possesseur jusqu'à preuve contraire ; vous n'administrez pas cette preuve selon nous (1), donc vous êtes rentré en possession par personne interposée ; donc vous serez liquidé suivant l'art. 4. » Mais elle concevra aussi que tenir un pareil langage aux *héritiers* de l'ancien propriétaire, qui n'ont opéré aucun rachat soit direct, soit indirect, ou plutôt que leur dire virtuel-

____

(1) Nous ferons seulement observer pour mémoire, car ceci a toujours été indifférent au fond de la cause, que les actes réputés *insuffisans*, pour établir la possession actuelle, constante, exclusive de notre mère, c'est-à-dire sa non-interposition, et déclarés en termes exprès, dans nos conclusions, n'être qu'un moyen surabondant, sont notamment (qui le croirait !) un acte de notoriété signé par les personnes les plus recommandables (entre autres deux notaires) d'un pays où nous n'avons pas mis le pied depuis plus de douze ans, et sept pièces notariées, enregistrées, et qui prouvent qu'avant l'amnistie, depuis le retour et avant le décès de l'ancien propriétaire, notre auteur (la dernière est du 16 mars 1826), elle a vendu, échangé, affermé, hypothéqué, etc., d'assez netables portions du domaine dans la possession duquel le Conseil nous déclare rentrés par voie d'interposition ! Fussions-nous l'ancien propriétaire lui-même, nous n'hésitons pas à maintenir qu'on ne pourrait, sans nier l'évidence et sans récuser arbitrairement les contrats les plus authentiques, nous considérer comme rentrés en possession de quoi que ce soit de l'immeuble en question et d'une façon quelconque.

lement: « La loi ne permet d'opposer d'interposition qu'aux anciens propriétaires ; donc l'interposition existe pour vous qui n'êtes pas l'ancien propriétaire, » suppose un tel renverse-
ment d'idées, qu'on ne peut l'expliquer qu'en
admettant qu'aucune des pièces n'a passé sous
les yeux du Conseil, et dès-lors (car autrement
il y aurait forfaiture, ce qui répugne trop à
croire), que son jugement tout entier reposé sur
l'ignorance de nos *qualités* véritables.

A ces causes, et vu l'*erreur substantielle* signalée dans cette requête, et qui, à proprement
parler, rendant l'ordonnance intervenue un
être de raison, la met hors des règles ordinaires, nous concluons à ce qu'il plaise à Votre
Excellence faire droit à la demande que nous
lui adressons, à l'effet de provoquer, par tel
moyen qu'elle jugera convenable, la réformation d'une ordonnance qui ne saurait subsister
sans violer ouvertement la loi et saper les principes fondamentaux de toute justice.

Nous devons ajouter que si, par impossible,
de simples formules de chancellerie, ou des exceptions tirées de la juridiction du Conseil d'État
et de l'irrévocabilité de ses avis convertis en ordonnance ; exceptions que nous estimerons fer-
mement n'être pas applicables à une décision

uniquement fondée sur une *erreur matérielle*, venait à servir de réponse à ladite requête, nous nous croirons suffisamment autorisés à passer outre, nul n'étant obligé par ce qui est contraire à la loi, et que décidés à ne reculer devant aucune difficulté, nous n'épargnons ni temps ni soins, ni sacrifices pour obtenir un résultat d'autant plus cher à nos yeux, qu'il est aussi dans l'intérêt de nos compagnons d'infortune et de spoliation.

Nous avons l'honneur d'être,

Monsieur le Comte,

De Votre Excellence,

Les très-humbles et très-obéissans serviteurs,

Signé, Marquis de LA CHATAIGNERAYE.

Comte de LA CHATAGNERAYE.

Paris, le 15 mars 1827.

Imprimerie de GUEFFIER, rue Guénégaud, n°. 31.